Impressum
Verlag: BABADADA GmbH, Nedderfeld 112 , 22529 Hamburg
Geschäftsführer / Verlagsleitung: Harald Hof
Druck: Books on Demand GmbH, In de Tarpen 42, 22848 Norderstedt

Imprint
Publisher: BABADADA GmbH, Nedderfeld 112 , 22529 Hamburg, Germany
Managing Director / Publishing direction: Harald Hof
Print: Books on Demand GmbH, In de Tarpen 42, 22848 Norderstedt, Germany

skole
škola

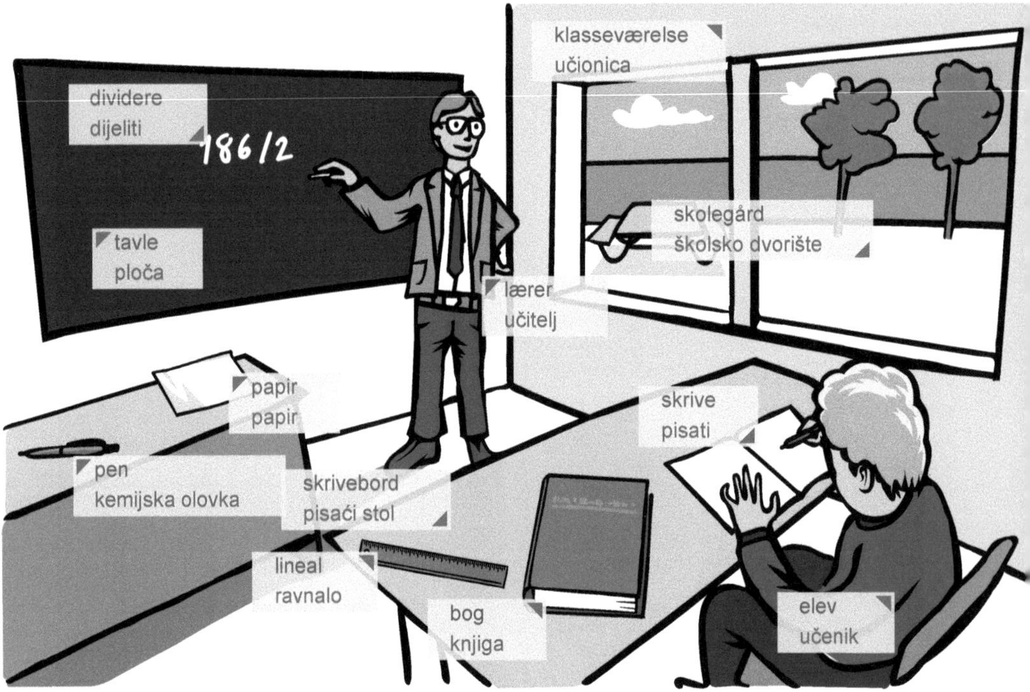

klasseværelse
učionica
dividere
dijeliti
186/2
tavle
ploča
skolegård
školsko dvorište
lærer
učitelj
papir
papir
skrive
pisati
pen
kemijska olovka
skrivebord
pisaći stol
lineal
ravnalo
bog
knjiga
elev
učenik

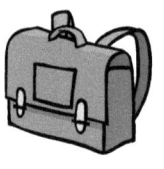

skoletaske
torba

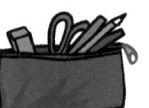

penalhus
pernica

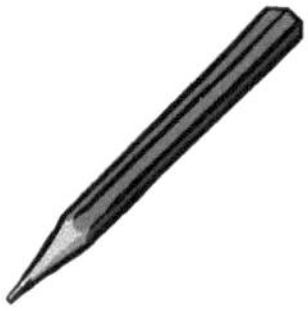

blyant
grafitna olovka

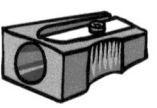

blyantspidser
šiljilo za olovke

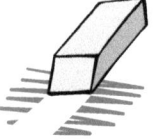

viskelæder
gumica za brisanje

tegneblok
blok za crtanje

tegning

crtež

pensel

kist

æske med vandfarver

kutija s bojama

saks

makaze

lim

ljepilo

opgavehefte

bilježnica

lektie

domaći zadatak

tal

broj

2+2

addere

sabirati

5-2

subtrahere

oduzimati

2×2

multiplicere

množiti

regne

računati

bogstav

slovo

ABCDEFG
HIJKLMN
OPQRSTU
VWXYZ

alfabet

abeceda

ord

riječ

tekst

tekst

læse

čitati

kridt

kreda

time

sat

klasseprotokol

dnevnik

eksamen

ispit

karakterbog

svjedodžba

skoleuniform

školska uniforma

uddannelse

obrazovanje

leksikon

leksikon

universitet

sveučilište

mikroskop

mikroskop

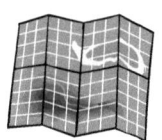

kort

karta

papirkurv

košara za papir

hotel
hotel

herberg
prenoćište

vekselkontor
mjenjačnica

kuffert
kofer

bil
auto

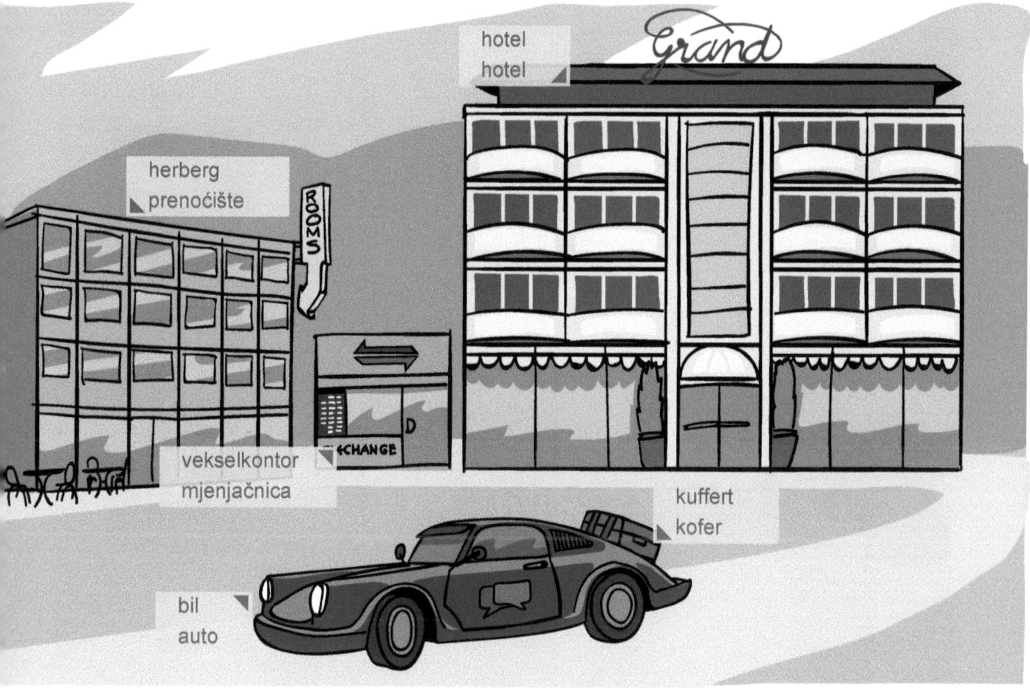

sprog
jezik

ja / nej
da / ne

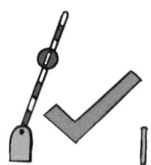

okay
okay

hej
zdravo

oversætter
prevoditelj

tak
hvala

hvad koster…?

Koliko košta…?

Jeg forstår ikke

ne razumijem

problem

problem

God aften!

dobro veče!

God morgen!

Dobro jutro!

God nat!

Laku noć!

farvel

doviđenja

retning

smjer

bagage

prtljaga

taske

torba

rygsæk

ruksak

gæst

gost

værelse

soba

sovepose

vreća za spavanje

telt

šator

turistinformation

turističke informacije

strand

plaža

kreditkort

kreditna kartica

morgenmad

doručak

middagsmad

ručak

aftensmad

večera

billet

karta za vožnju

elevator

dizalo

frimærke

poštanska markica

grænse

granica

told

carina

ambassade

ambasada

visum

viza

pas

putovnica

transport

transport

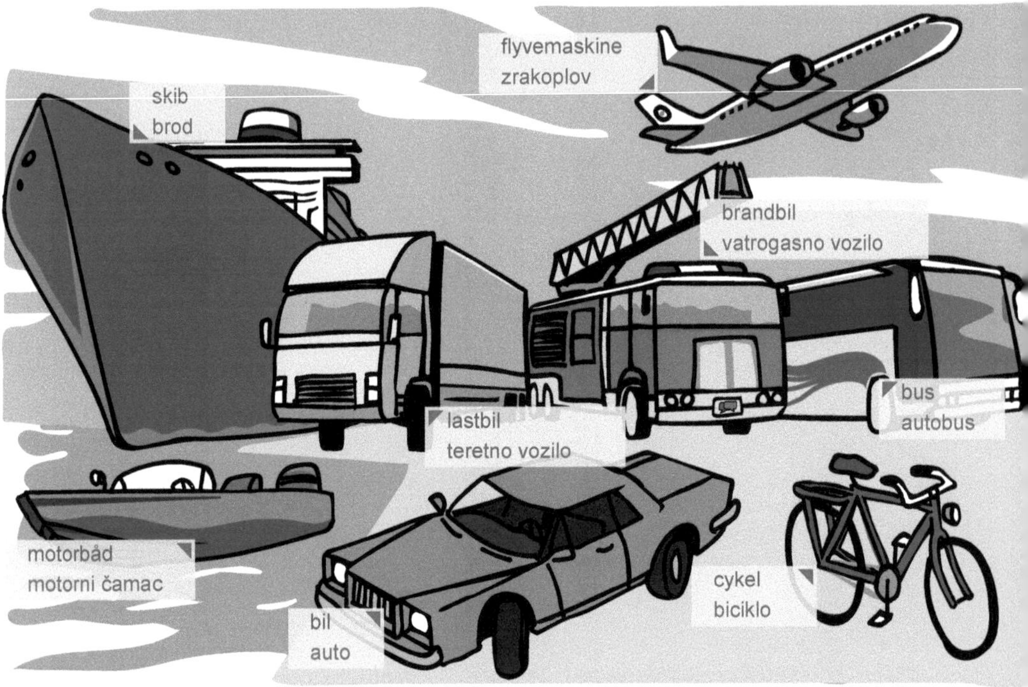
flyvemaskine
zrakoplov
skib
brod
brandbil
vatrogasno vozilo
bus
autobus
lastbil
teretno vozilo
motorbåd
motorni čamac
cykel
biciklo
bil
auto

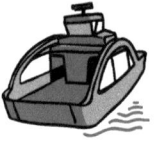

færge

trajekt

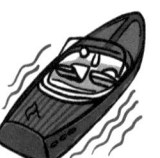

båd

čamac

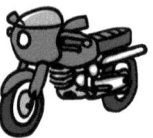

motorcykel

motocikl

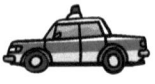

politibil

policijski auto

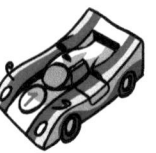

racerbil

trkaći auto

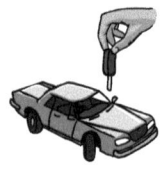

lejebil

iznajmljeno auto

samkørsel

dijeljenje automobila

kranbil

vučno vozilo

skraldebil

vozilo za odvoz smeća

motor

motor

benzin

benzin

tankstation

benzinska postaja

trafikskilt

prometni znak

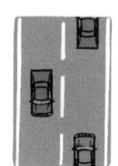

trafik

promet

trafikprop

zastoj

parkeringsplads

parkiralište

banegård

kolodvor

skinner

šine

tog

vlak

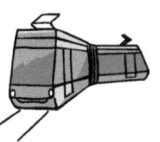

sporvogn

tramvaj

wagon

vagon

helikopter

helikopter

lufthavn

zrakoplovna luka

tårn

toranj

passager

putnik

container

kontejner

karton

karton

kærre

kolica

kurv

košara

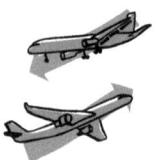

starte / lande

uzletjeti / sletjeti

by
grad

landsby

selo

bymidte

centar grada

hus

kuća

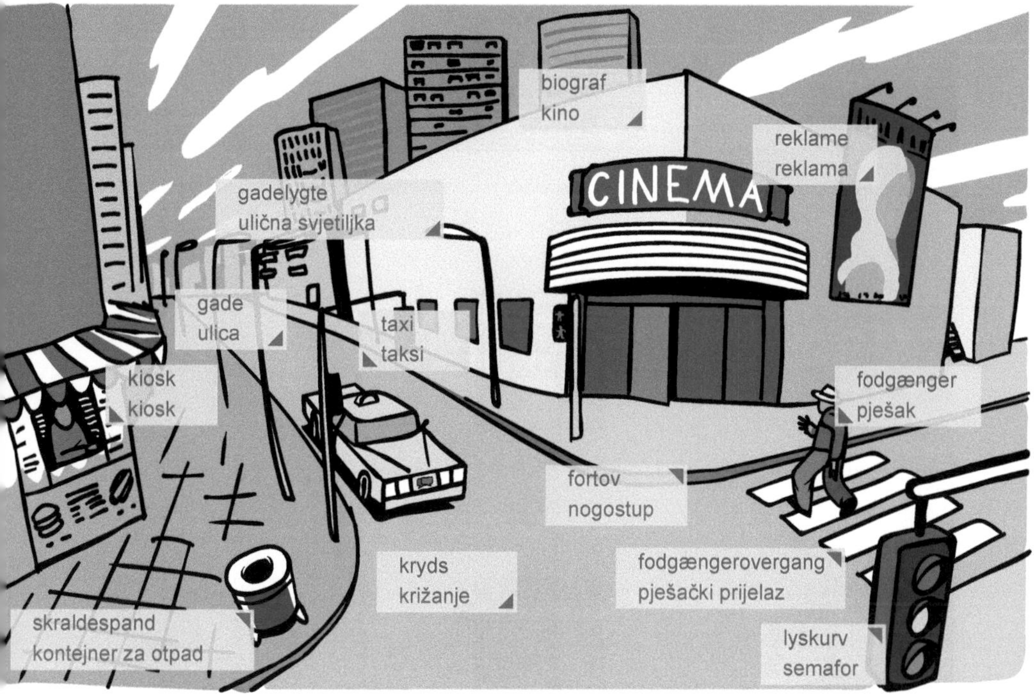

biograf
kino

reklame
reklama

gadelygte
ulična svjetiljka

gade
ulica

taxi
taksi

fodgænger
pješak

kiosk
kiosk

fortov
nogostup

kryds
križanje

fodgængerovergang
pješački prijelaz

skraldespand
kontejner za otpad

lyskurv
semafor

CINEMA

hytte
koliba

lejlighed
stan

banegård
kolodvor

rådhus
vijećnica

museum
muzej

skole
škola

universitet

sveučilište

bank

banka

sygehus

bolnica

hotel

hotel

apotek

ljekarna

kontor

ured

boghandel

knjižara

butik

prodavaonica

blomsterbutik

cvjećara

supermarked

supermarket

marked

trg

stormagasin

robna kuća

fiskehandler

ribarnica

butikscenter

trgovački centar

havn

luka

park

park

bænk

klupa

bro

most

trappe

stepenice

undergrundsbane

podzemna željeznica

tunnel

tunel

busstoppested

autobusna stanica

barnevogn

bar

restaurant

restoran

postkasse

poštansko sanduče

vejskilt

ulični znak

parkometer

parkirni sat

zoo

zoološki vrt

badeanstalt

bazen

moske

džamija

bondegård

seosko gazdinstvo

miljøforurening

zagađenje okoliša

kirkegård

groblje

kirke

crkva

legeplads

igralište

tempel

hram

landskab
krajolik

blad
list

vejviser
putokaz

vej
put

eng
livada

sten
kamen

træ
drvo

vandrer
šetač

flod
rijeka

græs
trava

blomst
cvijet

dal
dolina

bjerg
planina

sø
jezero

skov
šuma

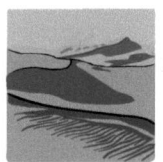

ørken
pustinja

vulkan
vulkan

slot
dvorac

regnbue
duga

svamp
gljiva

palme
palma

moskito
moskito

flue
muha

myre
mrav

bi
pčela

edderkop
pauk

bille

buba

frø

žaba

egern

vjeverica

pindsvin

jež

hare

zec

ugle

sova

fugl

ptica

svane

labud

vildsvin

divlja svinja

hjort

jelen

elg

los

dæmning

nasip

vindmølle

vjetrenjača

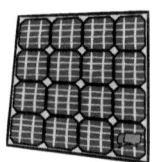

solcellemodul

solarna ploča

klima

klima

restaurant
restoran

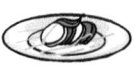

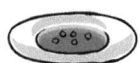

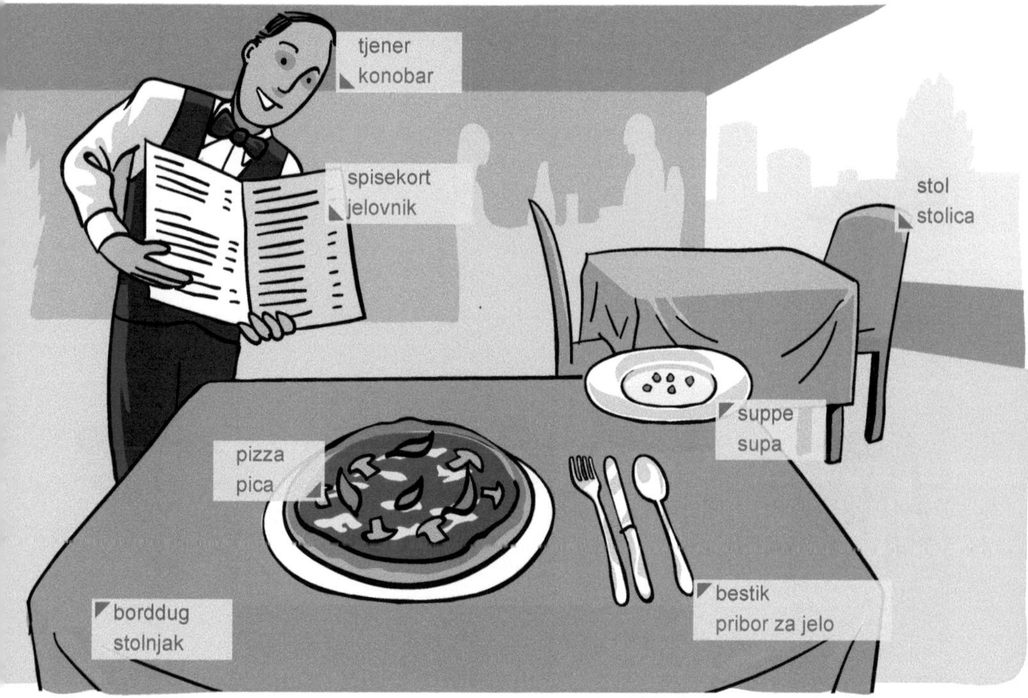
tjener
konobar
spisekort
jelovnik
stol
stolica
suppe
supa
pizza
pica
bestik
pribor za jelo
borddug
stolnjak

forret

predjelo

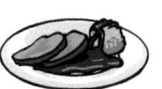

hovedret

glavno jelo

dessert

desert

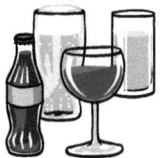

drikkevarer

napitci

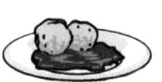

mad

jelo

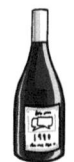

flaske

boca

fastfood
fastfood

streetfood
imbis hrana

tekande
čajnik

sukkerdåse
doza za šećer

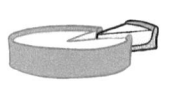

portion
porcija

espressomaskine
aparat za espresso

barnestol
visoka stolica

faktura
račun

tablet
pladanj

kniv
nož

gaffel
vilica

ske
žlica

teske
čajna žlica

serviet
ubrus

glas
čaša

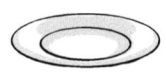

tallerken

tanjur

dyb tallerken

tanjur za supu

underkop

tanjurić

sovs

sos

saltbøsse

soljenka

peberkværn

mlin za biber

eddike

ocat

olie

ulje

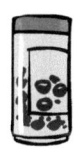

krydderier

začini

ketchup

kečap

sennep

senf

mayonnaise

majoneza

supermarked
supermarket

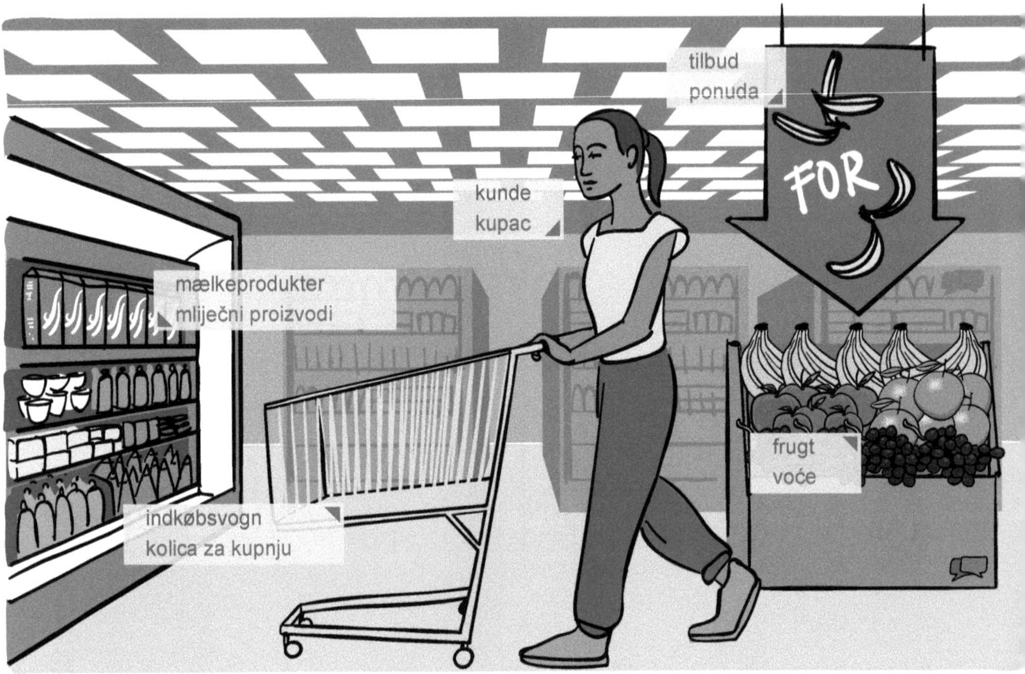

tilbud
ponuda
FOR
kunde
kupac
mælkeprodukter
mliječni proizvodi
frugt
voće
indkøbsvogn
kolica za kupnju

BUTCHERS

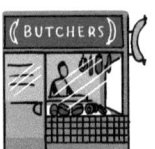

slagter

mesnica

BAKERY

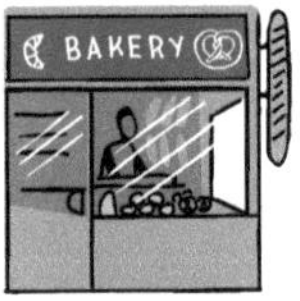

bageri

pekarnica

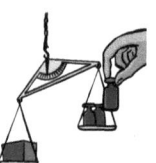

veje

vagati

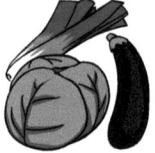

grøntsager

povrće

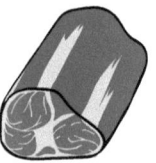

kød

meso

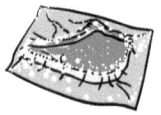

frostvarer

duboko smrznuta hrana

pålæg

narezak

konserves

konzerve

vaskemiddel

sredstvo za pranje

slik

slatkiši

husholdningsvarer

artikli za domaćinstvo

rengøringsmidler

sredstva za čišćenje

ekspedient

prodavačica

kasse

blagajna

kasserer

blagajnik

indkøbsliste

lista za kupnju

åbningstider

vrijeme rada

tegnebog

novčanik

kreditkort

kreditna kartica

taske

torba

plasticpose

plastična vrećica

vand

voda

saft

sok

mælk

mlijeko

cola

cola

vin

vino

øl

pivo

alkohol

alkohol

kakao

kakao

te

čaj

kaffe

kava

espresso

espresso

cappuccino

cappuccino

banan

banana

æble

jabuka

appelsin

naranča

melon

lubenica

citron

limun

gulerod

mrkva

hvidløg

češnjak

bambus

bambus

løg

luk

svamp

gljiva

nødder

orašasti plodovi

nudler

rezanci

spaghetti

špagete

ris

riža

salat

salata

pomfritter

pomfrit

stegte kartofler

pečeni krumpir

pizza

pica

hamburger

hamburger

sandwich

sendvič

schnitzel

šnicla

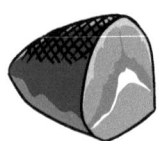

skinke

pršut

salami

salama

pølse

kobasica

kylling

kokoš

steg

pečenje

fisk

riba

havregryn

zobene pahuljice

mysli

musli

cornflakes

kukuruzne pahuljice

mel

brašno

croissant

roščić

rundstykke

pecivo

brød

kruh

toast

toast

kiks

keksi

smør

maslac

kvark

svježi sir

kage

kolač

æg

jaje

spejlæg

jaje na oko

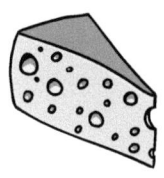

ost

sir

is
sladoled

sukker
šećer

honning
med

marmelade
marmelada

nougat-creme
nugat krema

karry
curry

bondegård
seosko gazdinstvo

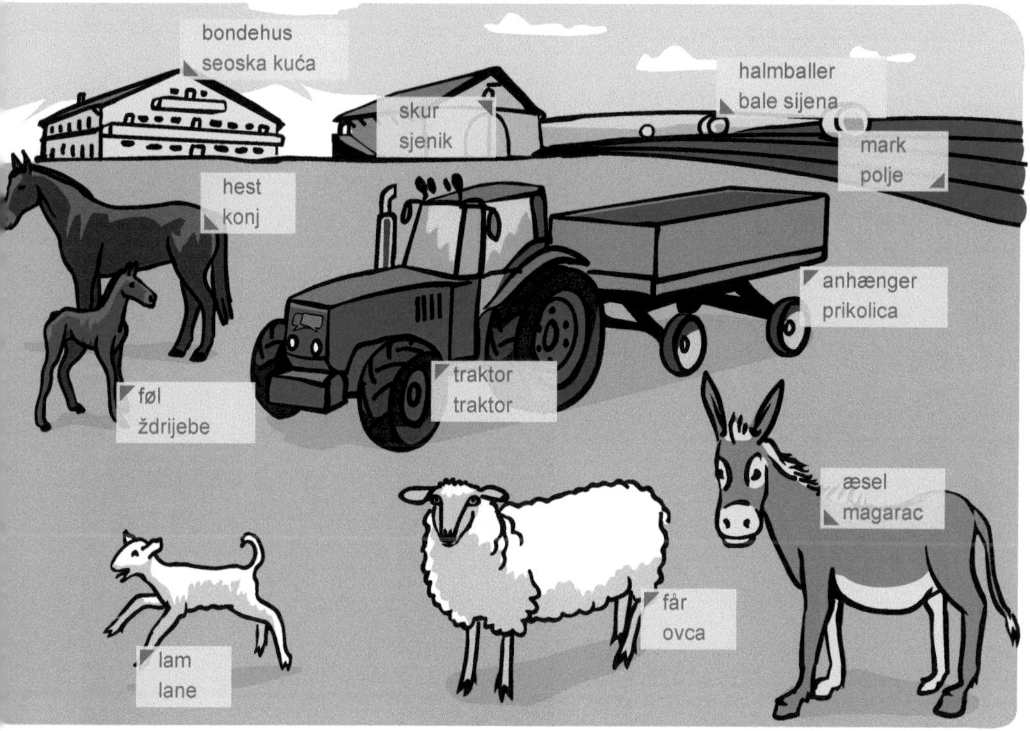
bondehus
seoska kuća
skur
sjenik
halmballer
bale sijena
mark
polje
hest
konj
anhænger
prikolica
traktor
traktor
føl
ždrijebe
æsel
magarac
får
ovca
lam
lane

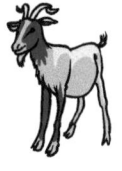

ged
koza

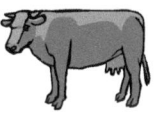

ko
krava

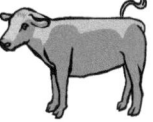

kalv
tele

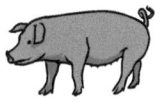

svin
svinja

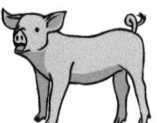

gris
prase

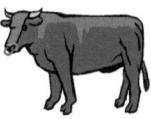

tyr
bik

gås

guska

and

patka

kylling

pilići

høne

kokoš

hane

pijetao

rotte

pacov

kat

mačka

mus

miš

okse

vol

hund

pas

hundehus

kućica za psa

haveslange

vrtno crijevo

vandkande

kanta za polijevanje

le

kosa

plov

plug

segl

srp

hakkejern

motika

møggreb

vilica za gnojivo

økse

sjekira

trillebør

tačke

trug

korito

mælkekande

posuda za mlijeko

sæk

vreća

hæk

ograda

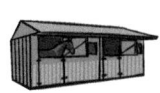

stald

štala

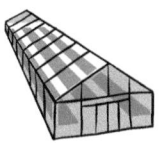

drivhus

staklenik

jord

zemlja

frø

sjeme

gødning

gnojivo

mejetærsker

kombajn

høste
....
žanjati

høst
....
žetva

yams
....
yams začin

hvede
....
pšenica

soja
....
soja

kartoffel
....
krumpir

majs
....
kukuruz

raps
....
uljana repica

frugttræ
....
voćka

maniok
....
gomolj manioke

korn
....
žitarice

hus
kuća

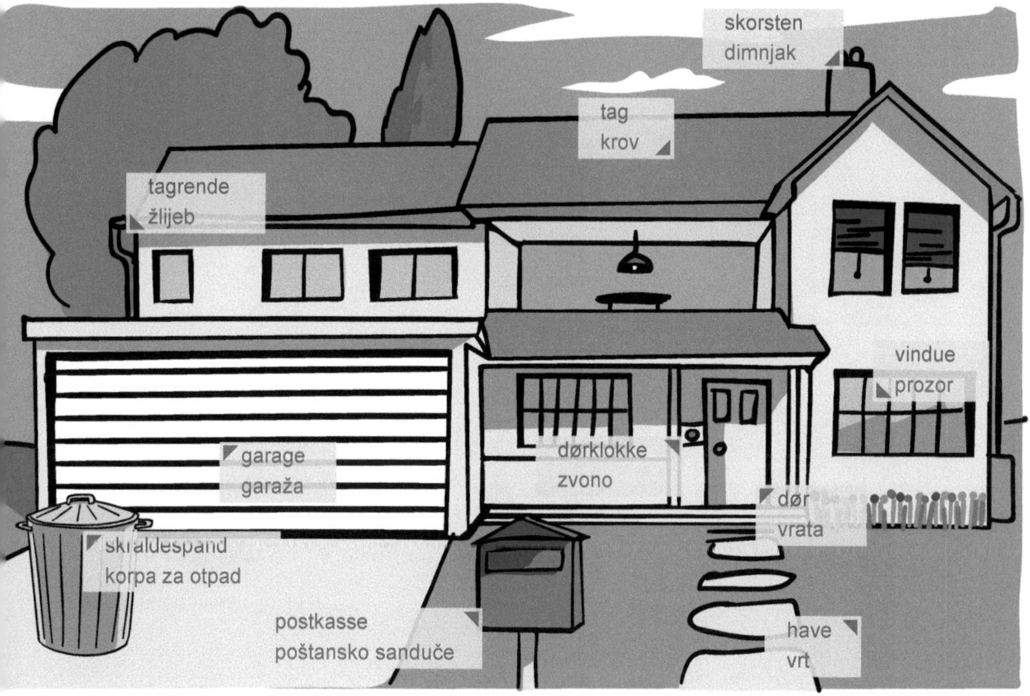

skorsten
dimnjak
tag
krov
tagrende
žlijeb
vindue
prozor
garage
garaža
dørklokke
zvono
dør
vrata
skraldespand
korpa za otpad
postkasse
poštansko sanduče
have
vrt

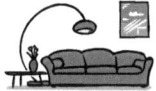

stue

dnevna soba

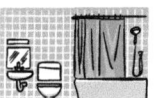

badeværelse

kupaonica

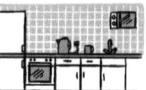

køkken

kuhinja

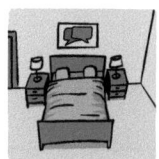

soveværelse

spavaća soba

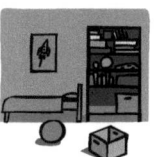

børneværelse

dječija soba

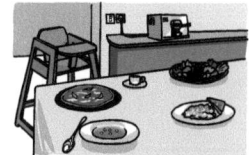

spisestue

trpezarija

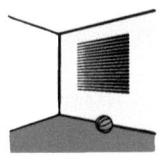

gulv

pod

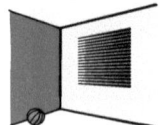

væg

zid

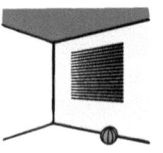

loft

strop

kælder

podrum

sauna

sauna

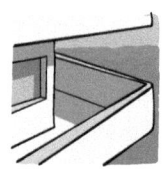

altan

balkon

terrasse

terasa

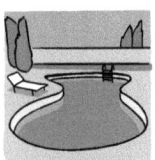

svømmehal

bazen

plæneklipper

kosilica za travu

dynebetræk

posteljina za krevet

dyne

deka za krevet

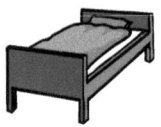

seng

krevet

kost

metla

spand

kanta

kontakt

sklopka

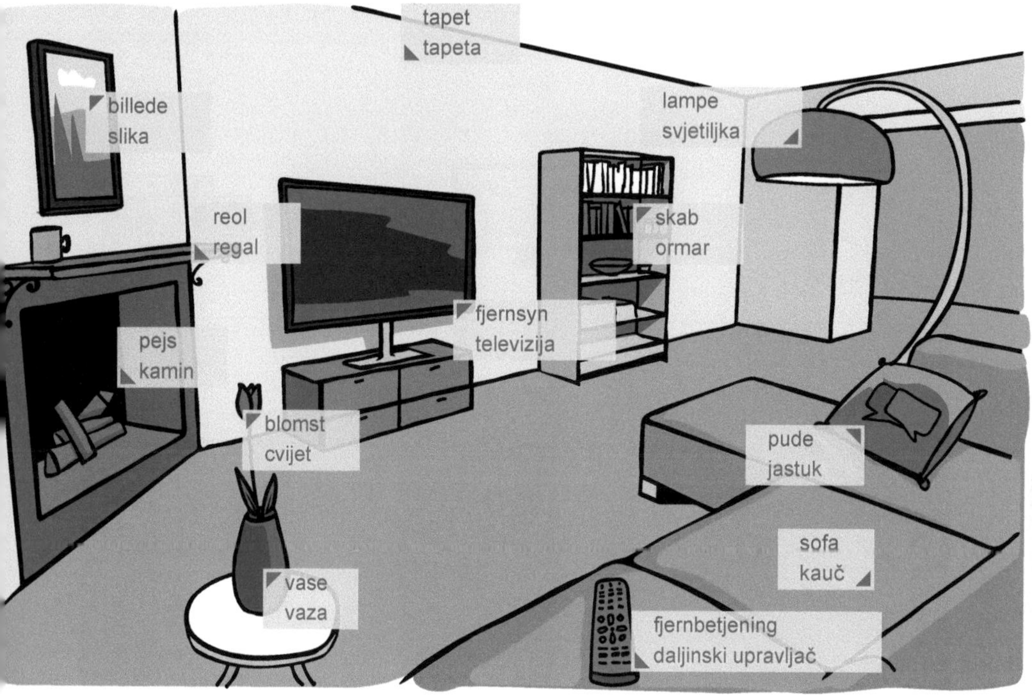

tapet
tapeta

billede
slika

lampe
svjetiljka

reol
regal

skab
ormar

pejs
kamin

fjernsyn
televizija

blomst
cvijet

pude
jastuk

sofa
kauč

vase
vaza

fjernbetjening
daljinski upravljač

gulvtæppe
tepih

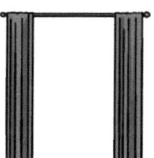

gardin
zavjesa

bord
stol

stol
stolica

gyngestol
stolica za njihanje

lænestol
fotelja

bog

knjiga

tæppe

deka

dekoration

dekoracija

brænde

drvo za ogrjev

film

film

stereoanlæg

stereo uređaj

nøgle

ključ

avis

novine

maleri

slika na platnu

plakat

poster

radio

radio

notesblok

blok za pisanje

støvsuger

usisavač

kaktus

kaktus

lys

svijeća

stue - dnevna soba

køkken
kuhinja

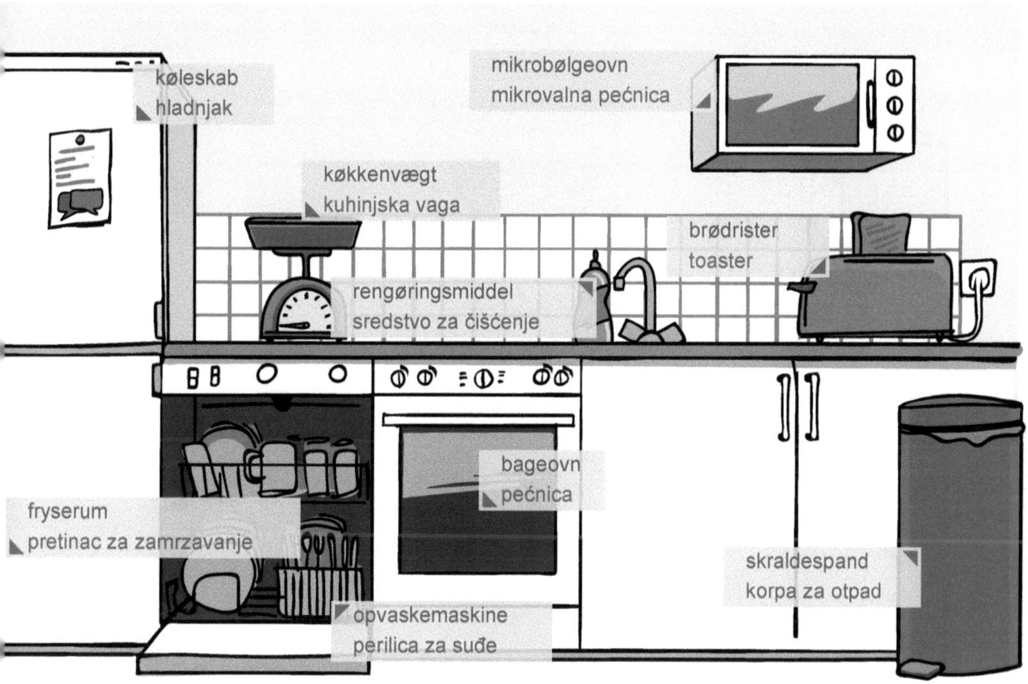
køleskab
hladnjak
mikrobølgeovn
mikrovalna pećnica
køkkenvægt
kuhinjska vaga
brødrister
toaster
rengøringsmiddel
sredstvo za čišćenje
bageovn
pećnica
fryserum
pretinac za zamrzavanje
skraldespand
korpa za otpad
opvaskemaskine
perilica za suđe

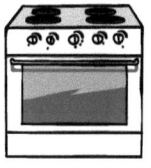

komfur

štednjak

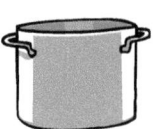

gryde

lonac

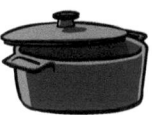

jerngryde

željezni lonac

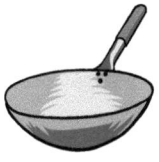

wok / kadai

wok / kadai

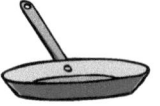

pande

tava

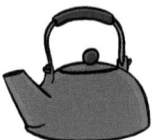

elkedel

kuhalo za vodu

dampkoger
kuhalo na paru

bageplade
lim za pečenje

service
posuđe

bæger
čaša

skål
zdjela

spisepinde
štapići za jelo

øseske
kutljača

paletkniv
lopatica

piskeris
pjenjača

dørslag
sito za kuhanje

si
sito

rive
ribež

morter
mužar

grille
roštilj

ildsted
ognjište

skærebræt

daska

kagerulle

oklagija

proptrækker

vadičep

dåse

konzerva

dåseåbner

otvarač konzervi

grydelap

krpa za lonac

køkkenvask

sudoper

børste

četka

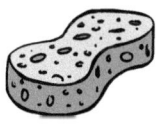

svamp

spužva

blender

mikser

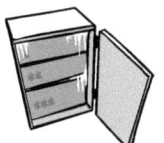

dybfryser

zamrzivač

sutteflaske

bočica za bebe

vandhane

slavina za vodu

badeværelse

kupaonica

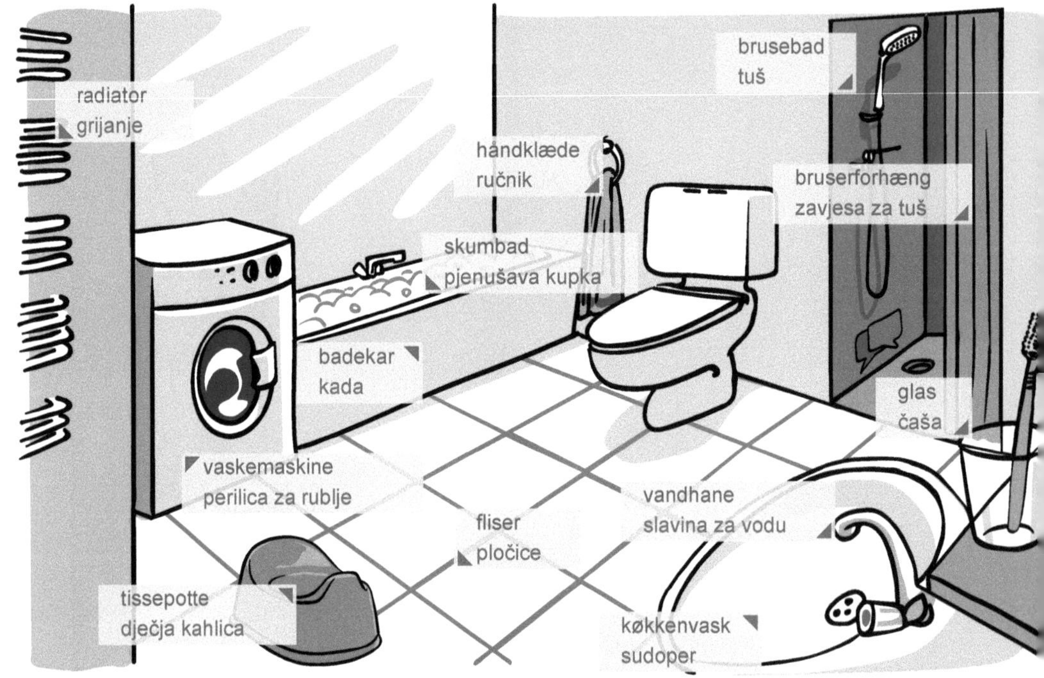
radiator
grijanje
håndklæde
ručnik
brusebad
tuš
bruserforhæng
zavjesa za tuš
skumbad
pjenušava kupka
badekar
kada
glas
čaša
vaskemaskine
perilica za rublje
vandhane
slavina za vodu
fliser
pločice
tissepotte
dječja kahlica
køkkenvask
sudoper

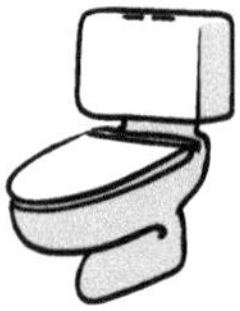

toilet

toalet

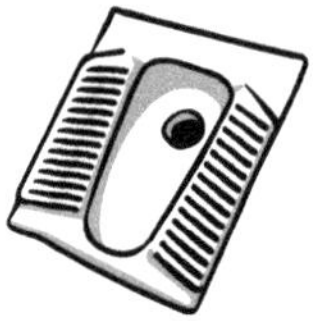

hugsiddende toilet

čučavac

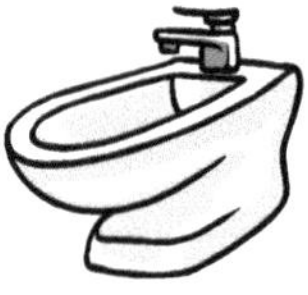

bidet

bidet

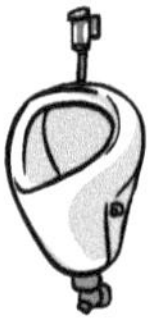

pissoir

pisoar

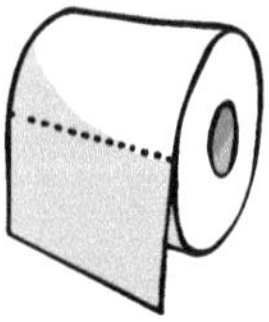

toiletpapir

papir za toalet

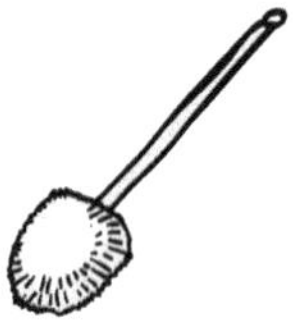

toiletbørste

četka za toalet

tandbørste

četkica za zube

tandpasta

pasta za zube

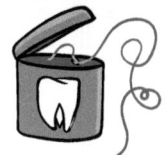

tandtråd

konac za zube

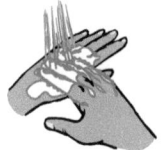

vaske

prati

håndbruser

tuš ručica

intimbruser

tuš za pranje intimnih
dijelova

vaskefad

lavor

badebørste

četka za pranje leđa

sæbe

sapun

brusegele

gel za tuširanje

shampoo

šampon

vaskeklud

krpa za pranje

afløb

odvod

creme

krema

deodorant

dezodorans

spejl

ogledalo

kosmetikspejl

kozmetičko ogledalo

barberhøvl

brijač

barberskum

pjena za brijanje

barbervand

losion za poslije brijanja

kam

češalj

børste

četka

hårtørrer

sušilo za kosu

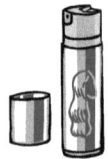

hårspray

sprej za kosu

makeup

makeup

læbestift

ruž za usne

neglelak

lak za nokte

vat

vata

neglesaks

škare za nokte

parfume

parfem

toilettaske

neseser

skammel

stolica

vægt

vaga

badekåbe

ogrtač

gummihandsker

rukavice za čišćenje

tampon

tampon

damebind

uložak

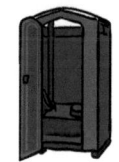

kemisk toilet

kemijski toalet

børneværelse
dječija soba

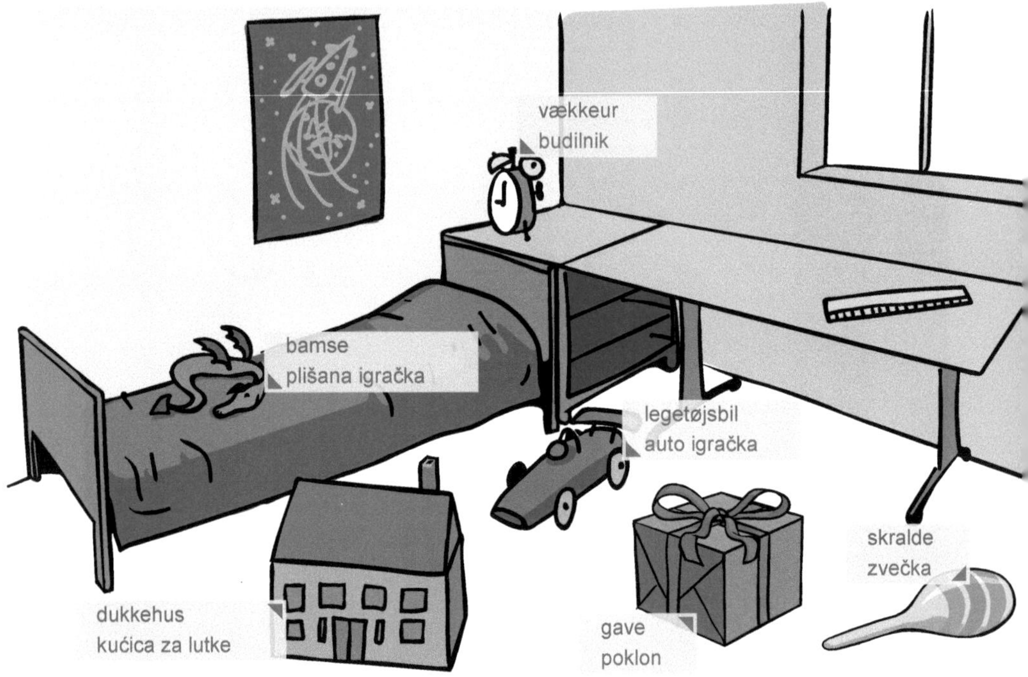
vækkeur
budilnik
bamse
plišana igračka
legetøjsbil
auto igračka
skralde
zvečka
dukkehus
kućica za lutke
gave
poklon

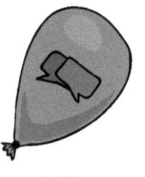

ballon

balon

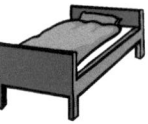

seng

krevet

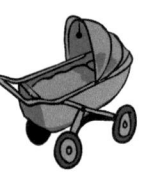

barnevogn

dječija kolica

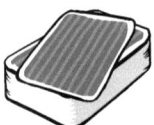

kortspil

igra s kartama

puslespil

slagalica

SUPER
MEGA

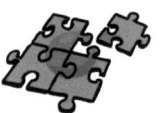

tegneserie

strip

legoklodser

lego kockice

byggeklodser

kockice za slaganje

action figur

akcioni junak

sparkedragt

kombinezon za bebe

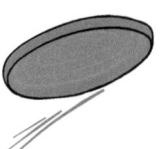

frisbee

frizbi

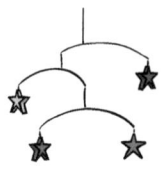

uro

viseće igračke

brætspil

društvene igre

terning

kocka

modeljernbane

minijaturna željeznica

sut

duda

fest

tulum

billedbog

slikovnica

bold

lopta

dukke

lutka

lege

igrati

sandkasse

pješčanik

gynge

ljuljačka

legetøj

igračka

spillekonsol

konzola za igre

trehjulet cykel

tricikl

bamse

plišani medo

klædeskab

ormar

tøj

odjeća

sokker

kratke čarape

strømper

čarape

strømpebukser

hulahopke

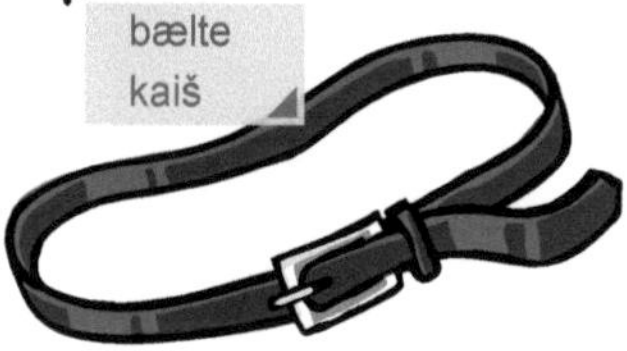

sjal
šal

paraply
kišobran

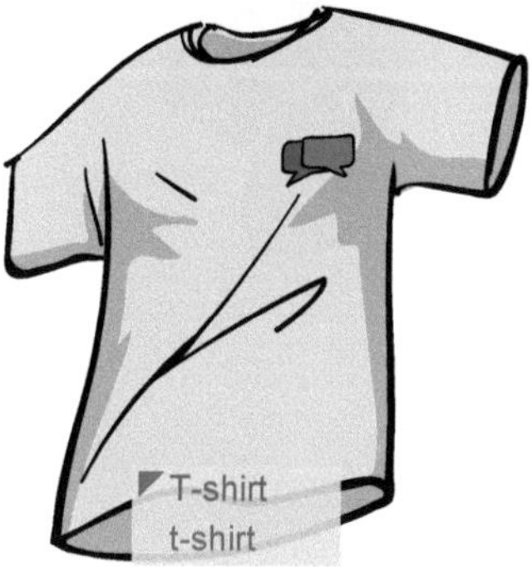

bælte
kaiš

T-shirt
t-shirt

sneakers
patike

støvler
čizme

hjemmesko
papuče

sandaler
....
sandale

sko
....
cipele

gummistøvler
....
gumene čizme

underbukser
....
gaćice

BH
....
grudnjak

undertrøje
....
potkošulja

body

bodi

bukser

hlače

jeans

džins

nederdel

haljina

bluse

bluza

skjorte

košulja

pullover

džemper

sweatshirt

pulover s kapuljačom

blazer

blejzer

jakke

jakna

frakke

kaput

regnfrakke

kabanica

kostume

kostim

kjole

haljina

brudekjole

vjenčanica

jakkesæt

odijelo

nattrøje

spavaćica

pyjamas

pidžama

sari

sari

hovedtørklæde

rubac

turban

turban

burka

burka

kaftan

kaftan

abaya

abaja

badedragt

kupaći kostim

badebukser

kupaće gaćice

korte bukser

kratke hlače

træningsdragt

odjeća za trening

forklæde

pregača

handsker

rukavice

knap

gumb

briller

naočale

armbånd

narukvica

kæde

ogrlica

ring

prsten

ørering

naušnica

hue

kapa

bøjle

vješalica

hat

šešir

slips

kravata

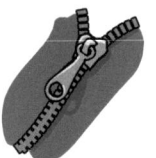

lynlås

patent zatvarač

hjelm

kaciga

seler

naramenice

skoleuniform

školska uniforma

uniform

uniforma

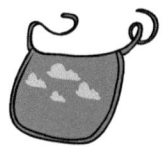

hagesmæk

podbradak

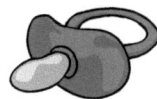

sut

duda

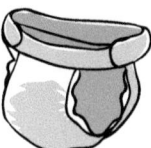

ble

pelena

kontor
ured

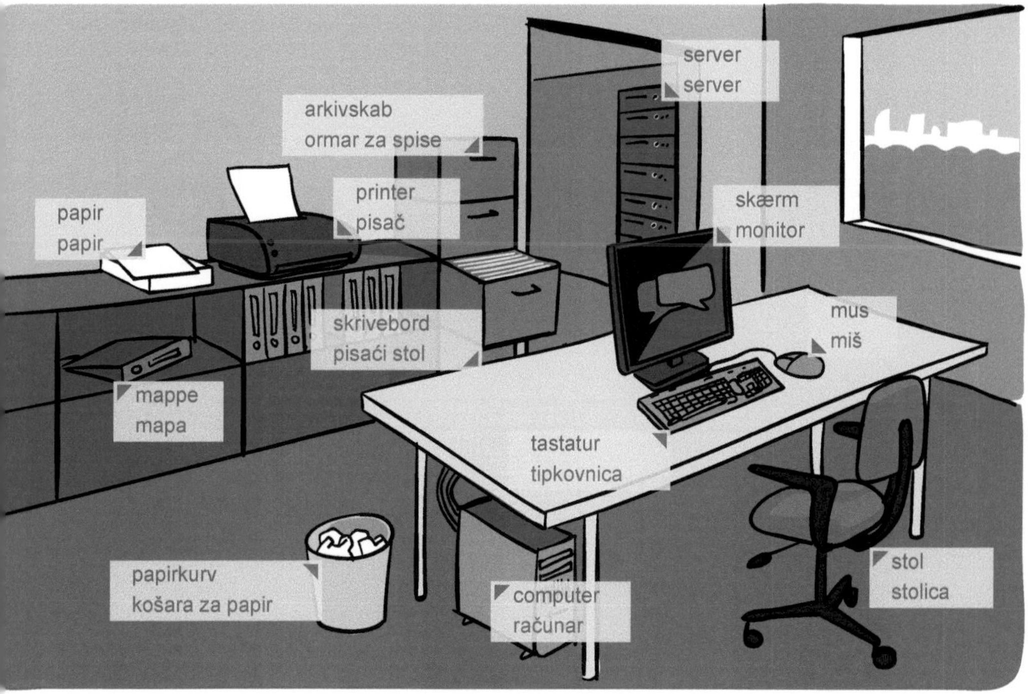
server
server
arkivskab
ormar za spise
papir
papir
printer
pisač
skærm
monitor
mus
miš
skrivebord
pisaći stol
mappe
mapa
tastatur
tipkovnica
papirkurv
košara za papir
computer
računar
stol
stolica

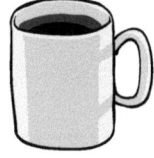

kaffekrus

šalica za kavu

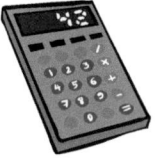

lommeregner

kalkulator

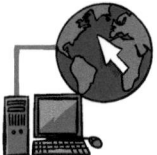

internet

internet

bærbar

laptop

brev

pismo

besked

poruka

mobil

mobilni telefon

netværk

mreža

kopimaskine

uređaj za kopiranje

software

softver

telefon

telefon

stikdåse

utičnica

fax

faks

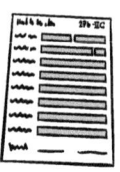

formular

obrazac

dokument

dokument

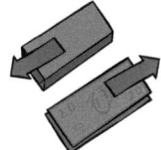

købe
kupovati

betale
platiti

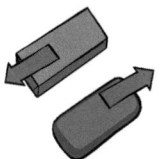

handle
trgovati

penge
novac

USD

dollar
dolar

EUR

euro
euro

JPY

yen
jen

RUB

rubel
rubalj

CHF

schweizerfranc
švicarski franak

CNY

renminbi yuan
renmindbi yuan

INR

rupee
rupija

hæveautomat
automat za novac

vekselkontor

mjenjačnica

guld

zlato

sølv

srebro

olie

nafta

energi

energija

pris

cijena

kontrakt

ugovor

skat

porez

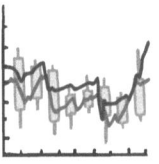

aktie

dionica

arbejde

raditi

ansat

službenik

arbejdsgiver

poslodavac

fabrik

tvornica

butik

prodavaonica

erhverv
zanimanja

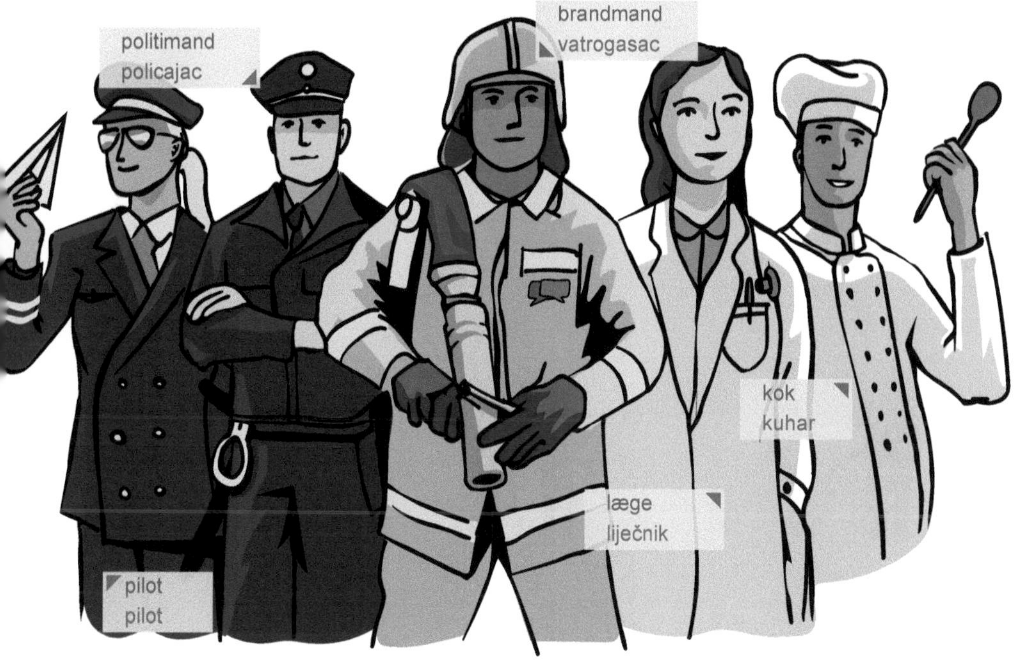

politimand
policajac
brandmand
vatrogasac
kok
kuhar
læge
liječnik
pilot
pilot

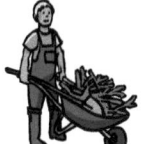

gartner
vrtlar

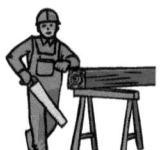

tømrer
stolar

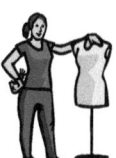

syerske
krojačica

dommer
sudija

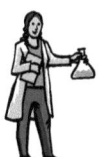

kemiker
kemičar

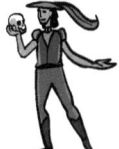

skuespiller
glumac

buschauffør

vozač autobusa

taxachauffør

vozač taksija

fisker

ribar

rengøringskone

čistačica

tagdækker

krovopokrivač

tjener

konobar

jæger

lovac

maler

slikar

bager

pekar

elektriker

električar

bygningsarbejder

građevinski radnik

ingeniør

inženjer

slagter

mesar

vvs-mand

limar

postbud

poštar

soldat

vojnik

arkitekt

arhitekta

kasserer

blagajnik

blomsterhandler

cvjećar

frisør

frizer

togfører

kondukter

mekaniker

mehaničar

kaptajn

kapetan

tandlæge

zubar

videnskabsmand

znanstvenik

rabbiner

rabi

imam

imam

munk

monah

præst

svećenik

værktøj
alati

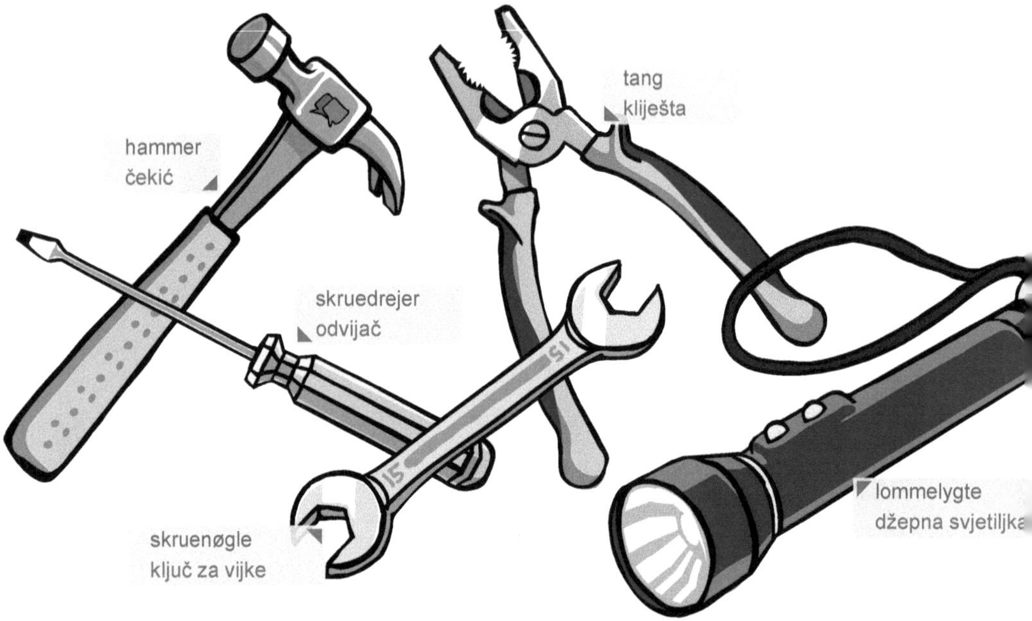

tang
kliješta
hammer
čekić
skruedrejer
odvijač
lommelygte
džepna svjetiljka
skruenøgle
ključ za vijke

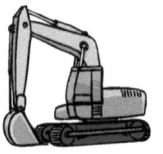

gravemaskine

rovokopač

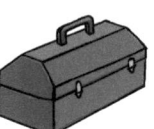

værktøjskasse

kutija za alat

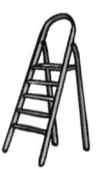

stige

ljestve

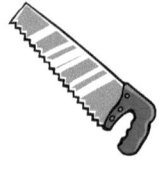

sav

pila

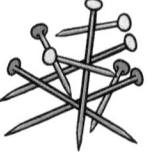

søm

ekser

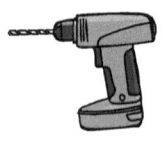

bor

bušilica

reparere

popraviti

skovl

lopata

Lort!

Sranje!

fejebakke

lopatica

malerspand

lonac za boju

skruer

vijci

musikinstrumenter
glazbeni instrument

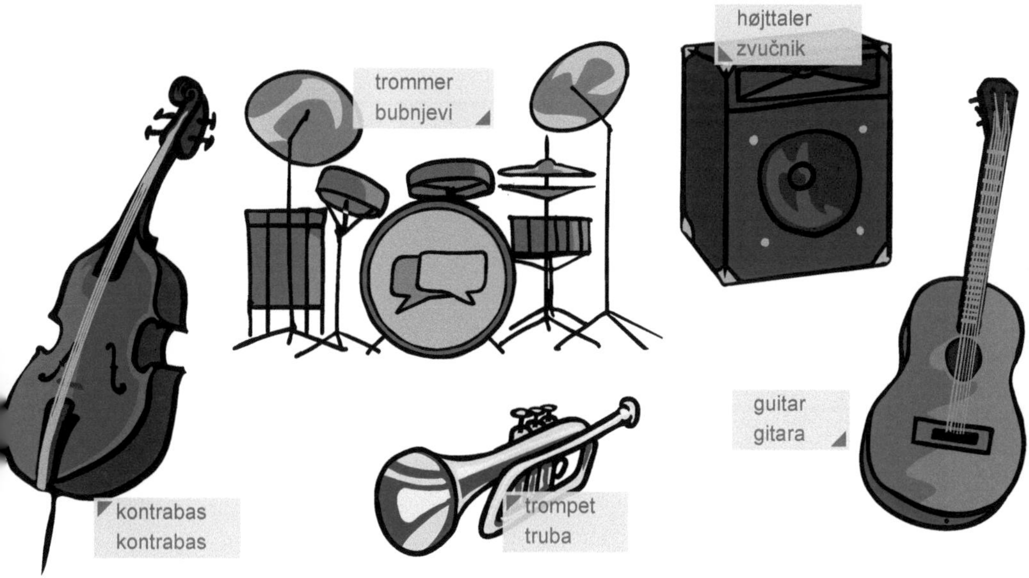

trommer
bubnjevi

højttaler
zvučnik

kontrabas
kontrabas

trompet
truba

guitar
gitara

klaver	violin	bas
klavir	violina	bas

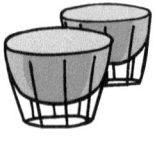

pauke	tromme	keyboard
timpani	udaraljke za bubnjeve	keyboard

saxofon	fløjte	mikrofon
saksofon	flauta	mikrofon

musikinstrumenter - glazbeni instrument

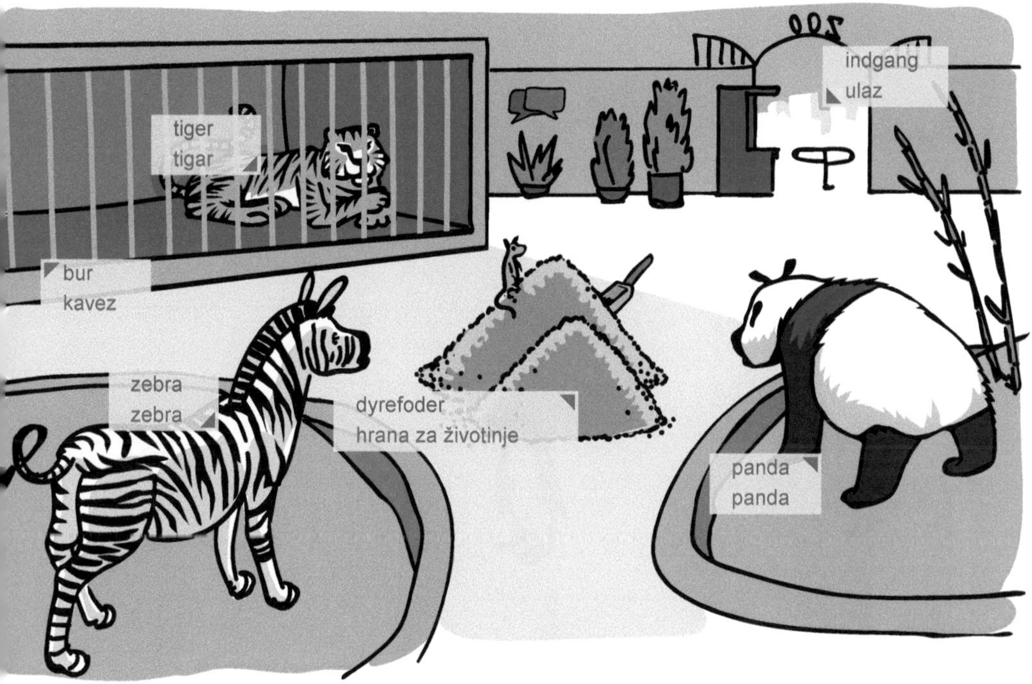

indgang
ulaz

tiger
tigar

bur
kavez

zebra
zebra

dyrefoder
hrana za životinje

panda
panda

dyr
životinje

elefant
slon

kænguru
kengur

næsehorn
nosorog

gorilla
gorila

bjørn
medvjed

kamel

kamila

struds

noj

løve

lav

abe

majmun

flamingo

flamingo

papegøje

papagaj

isbjørn

polarni medvjed

pingvin

pingvin

haj

ajkula

påfugl

paun

slange

zmija

krokodille

krokodil

dyrepasser

čuvar u zoološkom vrtu

sæl

tuljan

jaguar

jaguar

zoo - zoološki vrt

pony
poni

leopard
leopard

flodhest
nilski konj

giraf
žirafa

ørn
orao

vildsvin
divlja svinja

fisk
riba

skildpadde
kornjača

hvalros
morž

ræv
lisica

gazelle
gazela

amerikansk football
američki nogomet

cykling
biciklizam

tennis
tenis

basketball
košarka

svømning
plivanje

boksning
boks

ishockey
hockey na ledu

fodbold
nogomet

badminton
badminton

atletik
atletika

håndbold
rukomet

skiløb
skijanje

polo
polo

springe
skočiti

give et knus
zagrliti

grine
smijati se

gå
ići

synge
pjevati

drømme
sanjati

bede
moliti se

kysse
poljubiti

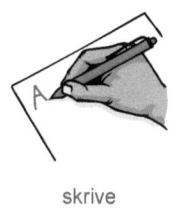

skrive
pisati

tegne
crtati

vise
pokazati

skubbe
gurati

give
dati

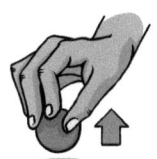

tage
uzeti

se på
gledati

græde
plakati

ae
milovati

kæmme
češljati

tale
govoriti

forstå
razumjeti

spørge
pitati

høre
slušati

drikke
piti

spise
jesti

rydde op
pospremiti

elske
voljeti

koge
kuhati

køre
voziti

flyve
letjeti

sejle

ploviti

regne

računati

læse

čitati

lære

učiti

arbejde

raditi

gifte sig med

vjenčati se

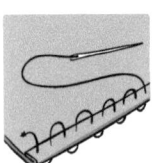

sy

šiti

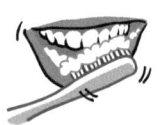

børste tænder

prati zube

dræbe

ubiti

ryge

pušiti

sende

poslati

bedstemor
baka

bedstefar
djed

far
otac

mor
majka

baby
beba

datter
kćerka

søn
sin

gæst
gost

tante
tetka

onkel
ujak, stric

bror
brat

søster
sestra

krop

tijelo

pande
čelo
øje
oko
skulder
rame
finger
prst
ansigt
lice
hage
brada
hånd
ruka
ben
noga
bryst
grudi
arm
ruka

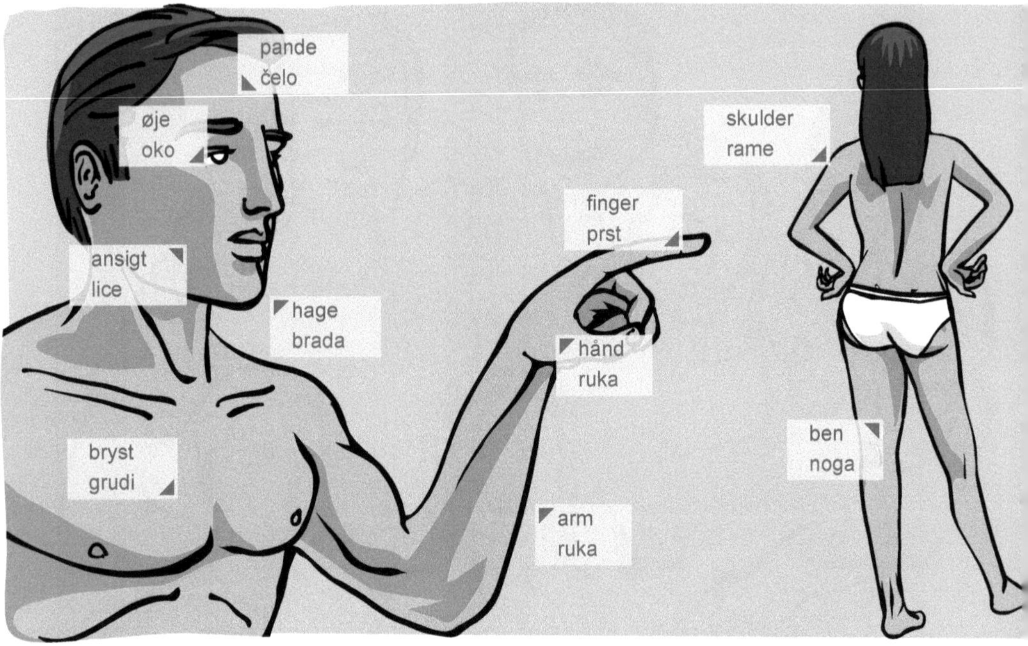

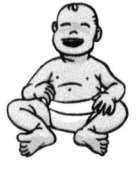

baby

beba

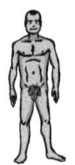

mand

muškarac

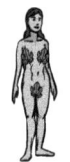

kvinde

žena

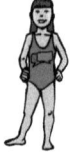

pige

djevojčica

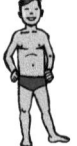

dreng

dječak

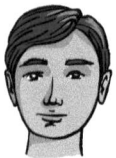

hoved

glava

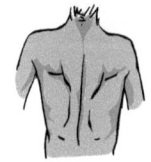

ryg

leđa

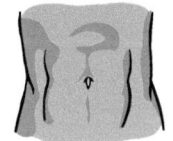

mave

trbuh

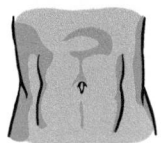

navle

pupak

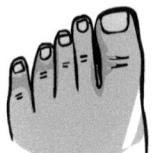

tå

nožni prst

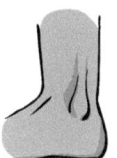

hæl

peta

knogle

kost

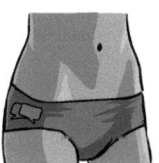

hofte

kuk

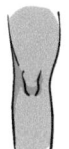

knæ

koljeno

albue

lakat

næse

nos

bagdel

stražnjica

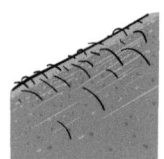

hud

koža

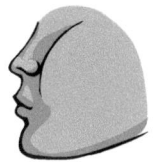

kind

obraz

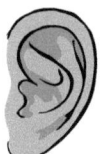

øre

uho

læbe

usna

mund
usta

tand
zub

tunge
jezik

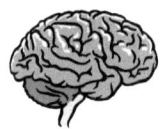

hjerne
mozak

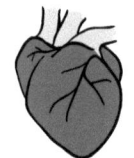

hjerte
srce

muskel
mišić

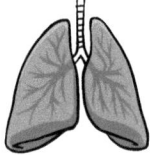

lunge
pluća

lever
jetra

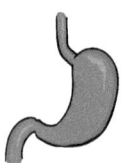

mavesæk
želudac

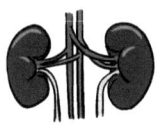

nyrer
bubrezi

sex
snošaj

kondom
kondom

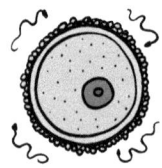

ægcelle
jajna stanica

sperm
sperma

svangerskab
trudnoća

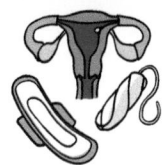

menstruation

menstruacija

vagina

vagina

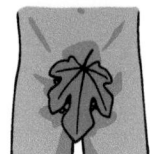

penis

penis

øjenbryn

obrva

hår

kosa

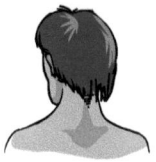

hals

vrat

sygehus
bolnica

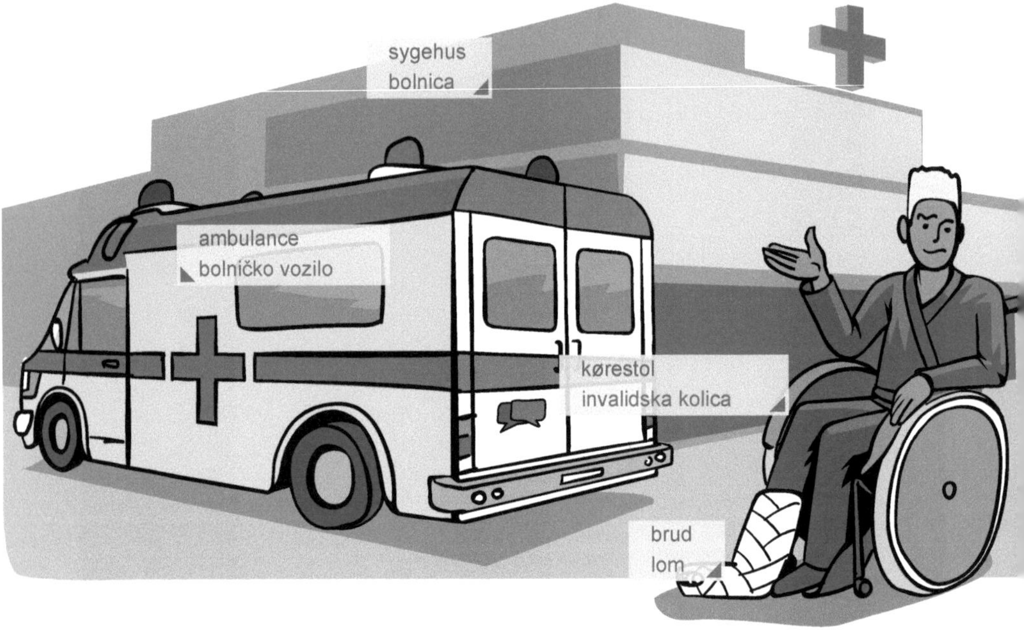

sygehus
bolnica
ambulance
bolničko vozilo
kørestol
invalidska kolica
brud
lom

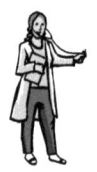

lægeliječnik

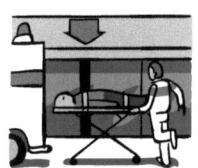

akutmodtagelse
hitna medicinska služba

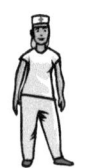

sygeplejerske
medicinska sestra

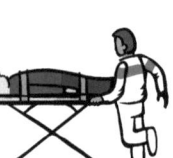

nødstilfælde
hitni slučaj

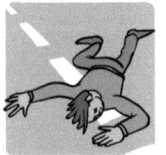

bevidstløs
nesvijest

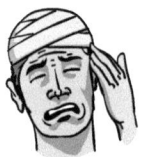

smerte
bol

skade

ozljeda

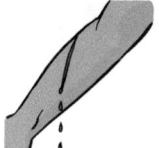

blødning

krvarenje

hjerteinfarkt

srčani infarkt

slagtilfælde

moždani udar

allergi

alergija

hoste

kašalj

feber

groznica

influenza

gripa

diarré

proljev

hovedpine

glavobolja

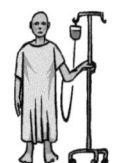

kræft

rak

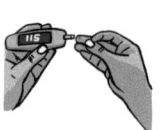

diabetes

dijabetes

kirurg

kirurg

skalpel

skalpel

operation

operacija

CT
ct

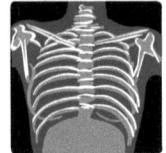

røntgen
rentgen

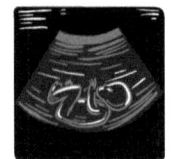

ultralyd
ultrazvuk

maske
maska

sygdom
bolest

venteværelse
čekaonica

krykke
štaka

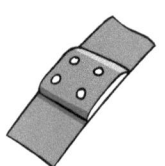

plaster
flaster

forbinding
zavoj

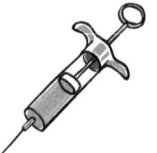

injektion
injekcija

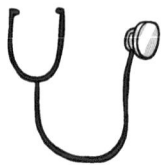

stetoskop
stetoskop

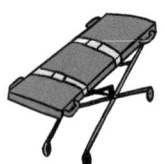

båre
nosilo

termometer
termometar

fødsel
rođenje

overvægt
prekomjerna težina

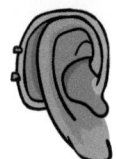

høreapparat

slušni aparat

desinficerende middel

sredstvo za dezinfekciju

infektion

infekcija

virus

virus

HIV / AIDS

hiv / sida

medicin

medicina

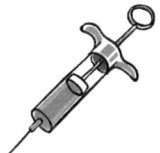

vaccination

vakcinacija

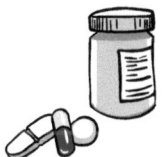

tabletter

tablete

pille

pilula

nødopkald

poziv u pomoć

blodtryksmåler

uređaj za mjerenje tlaka

syg / rask

bolesno / zdravo

Hjælp!

pomoć!

alarm

alarm

overfald

nasrtaj

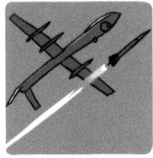

angreb

napad

fare

opasnost

nødudgang

izlaz za nuždu

Det brænder!

požar!

ildslukker

vatrogasni aparat

uheld

nezgoda

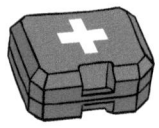

førstehjælps-kuffert

kofer prve pomoći

SOS

sos

politi

policija

Europa
Europa

Nordamerika
sjeverna amerika

Sydamerika
južna amerika

Afrika
Afrika

Asien
Azija

Australien
Australija

Atlanterhavet
Atlantik

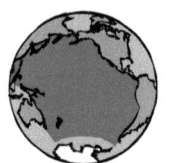

Stillehavet
Pacifik

Indiske Ocean
ocean

Sydlige Ishav
antarktički ocean

Ishav
arktički ocean

Nordpol
sjeverni pol

Sydpol

južni pol

Antarktis

Antarktik

Jorden

zemlja

land

zemlja

hav

more

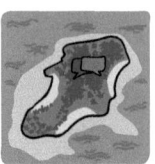

ø

otok

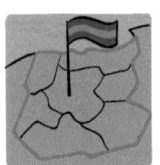

nation

nacija

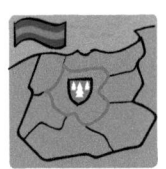

stat

država

urskive

brojčanik sata

timeviser

satna kazaljka

minutviser

minutna kazaljka

sekundviser

sekundna kazaljka

Hvad er klokken?

Koliko je sati?

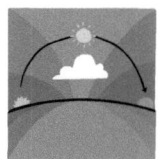

dag

dan

tid

vrijeme

nu

sada

digitalur

digitalni sat

minut

minuta

time

sat

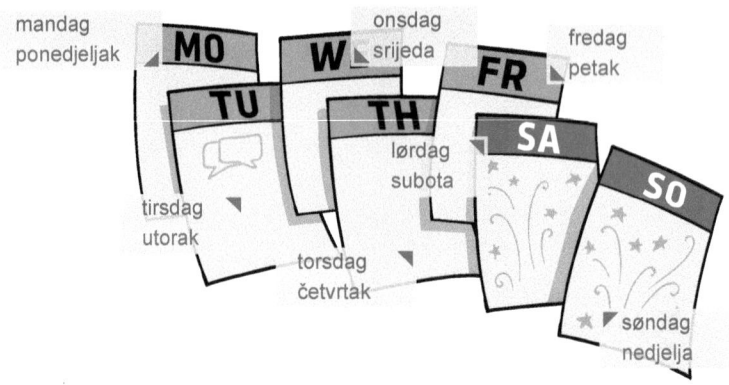

mandag
ponedjeljak

onsdag
srijeda

fredag
petak

tirsdag
utorak

lørdag
subota

torsdag
četvrtak

søndag
nedjelja

i går

jučer

i dag

danas

i morgen

sutra

morgen

jutro

middag

podne

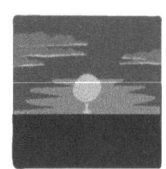

aften

večer

MO	TU	WE	TH	FR	SA	SU
1	2	3	4	5	6	7
8	9	10	11	12	13	14
15	16	17	18	19	20	21
22	23	24	25	26	27	28
29	30	31	1	2	3	4

arbejdsdage

radni dani

MO	TU	WE	TH	FR	SA	SU
1	2	3	4	5	6	7
8	9	10	11	12	13	14
15	16	17	18	19	20	21
22	23	24	25	26	27	28
29	30	31	1	2	3	4

weekend

vikend

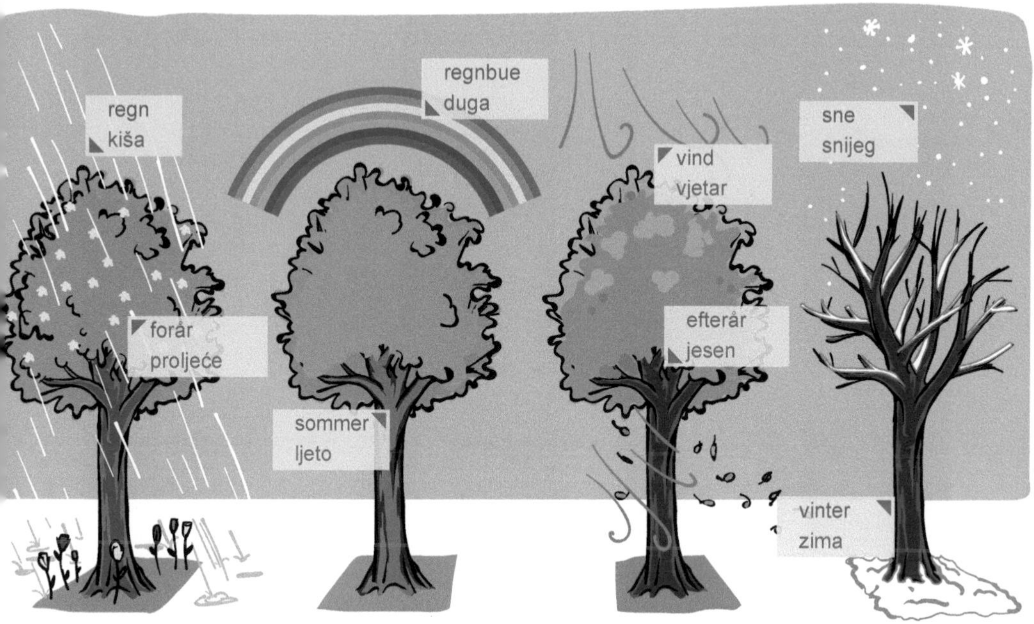

regn
kiša
regnbue
duga
vind
vjetar
sne
snijeg
forår
proljeće
sommer
ljeto
efterår
jesen
vinter
zima

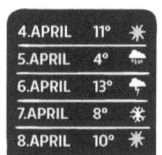

4.APRIL 11°
5.APRIL 4°
6.APRIL 13°
7.APRIL 8°
8.APRIL 10°

vejrudsigt

meteorološka prognoza

F C
120 40
90 30
60 20
30 10
0 0
-30 -10
-20

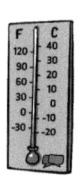

termometer

termometar

solskin

sunčana svjetlost

sky

oblak

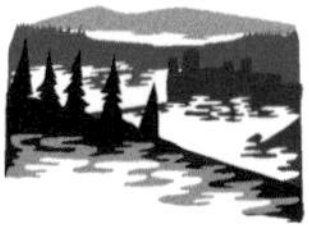

tåge

magla

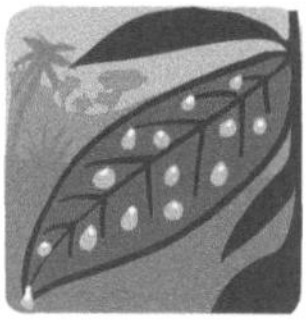

luftfugtighed

vlažnost zraka

have

imati

gøre

činiti

være

biti

stå

stojati

løbe

trčati

trække

povlačiti

kaste

baciti

falde

padati

ligge

ležati

vente

čekati

bære

nositi

sidde

sjediti

tage på

oblačiti

sove

spavati

vågne

probuditi se

lyn

munja

torden

grmljavina

storm

oluja

hagl

tuča

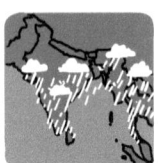

monsun

monsun

flod

poplava

is

led

januar

siječanj

februar

veljača

marts

ožujak

april

travanj

maj

svibanj

juni

lipanj

juli

srpanj

august

kolovoz

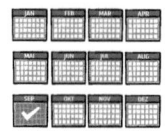

september
....
rujan

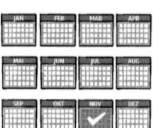

oktober
....
listopad

november
....
studeni

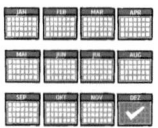

december
....
prosinac

cirkel
....
krug

kvadrat
....
kvadrat

firkant
....
pravokutnik

trekant
....
trokut

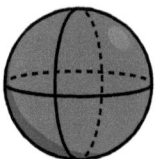

kugle
....
kugla

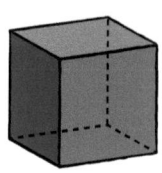

terning
....
kocka

hvid

bijela

gul

žuta

orange

narančasta

pink

ružičasta

rød

crvena

lilla

ljubičasta

blå

plava

grøn

zelena

brun

smeđa

grå

siva

sort

crna

meget / lidt

mnogo / malo

rasende / fredelig

ljutito / mirno

smuk / grim

lijepo / ružno

begyndelse / slut

početak / kraj

stor / lille

veliko / maleno

lys / mørk

svijetlo / tamno

bror / søster

brat / sestra

ren / snavset

čisto / prljavo

fuldkommen / ufuldkommen

potpuno / nepotpuno

dag / nat

dan / noć

død / levende

mrtvo / živo

bred / smal

široko / usko

spiselig / uspiselig

jestivo / nejestivo

vred / venlig

zlo / dobro

ophidset / kedet

uzbuđeno / dosadno

tyk / tynd

debelo / mršavo

først / sidst

na početku / na kraju

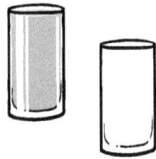

ven / fjende

prijatelj / neprijatelj

fuld / tom

puno / prazno

hård / blød

tvrdo / mekano

tung / let

teško / lagano

sult / tørst

glad / žeđ

syg / rask

bolesno / zdravo

illegal / legal

ilegalno / legalno

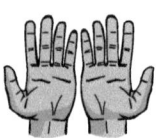

intelligent / dum

pametno / glupo

venstre / højre

lijevo / desno

nær / fjern

blizu / daleko

ny / brugt

novo / rabljeno

intet / noget

ništa / nešto

gammel / ung

staro / mlado

tændt / slukket

uključeno / isključeno

åben / lukket

otvoreno / zatvoreno

stille / højt

tiho / glasno

rig / fattig

bogato / siromašno

rigtig / forkert

točno / pogrešno

ru / glat

hrapavo / glatko

ked af det / lykkelig

tužno / sretno

kort / lang

kratko / dugo

langsom / hurtig

polako / brzo

våd / tør

mokro / suho

varm / kold

toplo / hladno

krig / fred

rat / mir

brojevi

0

nul

nula

1

en

jedan

2

to

dva

3

tre

tri

4

fire

četiri

5

fem

pet

6

seks

šest

7

syv

sedam

8

otte

osam

9

ni

devet

10

ti

deset

11

elleve

jedanaest

12

tolv
dvanaest

13

tretten
trinaest

14

fjorten
četrnaest

15

femten
petnaest

16

seksten
šestnaest

17

sytten
sedamnaest

18

atten
osamnaest

19

nitten
devetnaest

20

tyve
dvadeset

100

hundrede
stotinu

1.000

tusinde
tisuću

1.000.000

million
milijun

engelsk

engleski

amerikansk engelsk

američko engleski

kinesisk mandarin

kinesko mandarinski

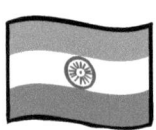

hindi

hindi

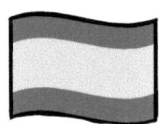

spansk

španjolski

fransk

francuski

arabisk

arapski

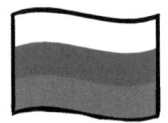

russisk

ruski

portugisisk

portugalski

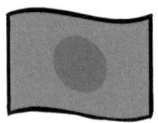

bengalsk

bengalski

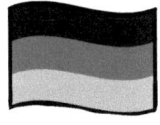

tysk

njemački

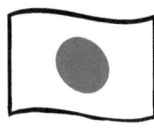

japansk

japanski

90

jeg

ja

du

ti

han / hun / den / det

on / ona / ono

vi

mi

I

vi

de

oni

hvem?

tko?

hvad?

što?

hvordan?

kako?

hvor?

gdje?

hvornår?

kada?

navn

ime

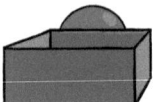

bag
iza

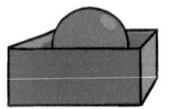

i
u

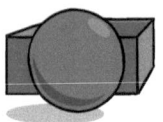

foran
ispred

over
preko

på
na

under
ispod

ved siden af
pored

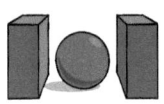

imellem
između

sted
mjesto